Pascale Bouchié . Emmanuel Cerisier

La véritable histoire de Titus, le jeune Romain gracié par l'empereur

bayard jeunesse

La véritable histoire de Titus a été écrite par Pascale Bouchié
et illustrée par Emmanuel Cerisier.
Les pages documentaires ont été écrites par Pascale Bouchié.
Illustrations : pages 6-7 : Amélie Veaux ; pages 10, 16, 27, 32, 42 : Nancy Pena ;
pages 24-25 : Dhomi ; pages 38-39 : Nicolas Wintz.

La collection « Les romans-doc Histoire »
a été conçue en partenariat avec le magazine *Images Doc*.
Ce mensuel est édité par Bayard Jeunesse.

18 rue Barbès, 92120 Montrouge
ISBN : 979-10-363-0427-9
Dépôt légal : septembre 2018
Deuxième édition : septembre 2018

Loi n°49-956 du 16 juillet 1949 sur les publications destinées à la jeunesse.
Imprimé en France par Pollina s.a., 85400 Luçon - 85804.

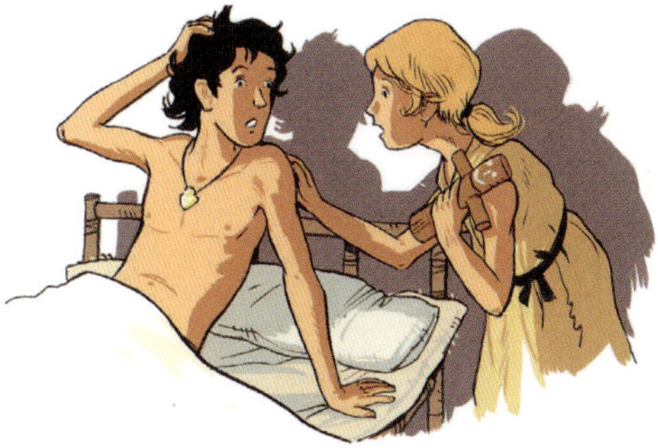

CHAPITRE 1

AU FEU !

– Titus, réveille-toi ! Titus !
– Hein, quoi ?
– La pie chante en pleine nuit. Ce n'est pas normal, murmure Livia.
Dans la pénombre, Titus distingue le visage inquiet de sa petite sœur. Elle serre une poupée de bois contre sa poitrine. Il s'assied et pose ses pieds nus sur le plancher.

À l'autre bout de la pièce, derrière un rideau, Caïus et Cornélia, leurs parents, dorment.
– Recouche-toi Livia, chuchote Titus. Je vais voir…
Kriiiiiii ! Kriiiiiiii ! Titus trouve la pie, sautillant à la fenêtre. Ce qui la fait crier, c'est un rideau en flammes, de l'autre côté de la rue. Titus hurle aussitôt :
– Au feu ! Au feu !
Puis il saisit un seau et dévale l'escalier en bois.
Les cris de Titus ont déclenché une belle pagaille. Sur sept étages, les gens fuient leur logement. Les rues sont étroites à Rome et le feu se propage vite d'un immeuble à l'autre. Cornélia court dans le couloir en serrant Livia dans ses

bras. Caïus les suit et frappe à chaque porte en criant :

– Vite ! Il faut évacuer !

Via Biberatica*, les gens font la chaîne avec des seaux d'eau entre la fontaine et l'immeuble en feu. Caïus retrouve son fils.

– Papa, je suis là ! Où sont Livia et maman ? s'inquiète Titus.

– Elles sont parties se réfugier chez tante Clélia. Mais que font les pompiers ?

– Ils arrivent ! J'entends leur cloche.

Sur les pavés, les pas cadencés d'une cohorte de soldats résonnent :

– Laissez passer ! Laissez passer !

* *Rue du Poivre, en latin.*

suite page 8

4
5
9
1
2
3
8

UN iMMEUBLE ROMAiN

La plupart des Romains habitent dans ces immeubles inconfortables. Alors pendant la journée, ils sont dans la rue.

1. La fontaine : Elle est alimentée par les aqueducs qui apportent l'eau au centre de Rome.

2. Un porteur d'eau : Il transporte l'eau dans les maisons.

3. Une rue en terre battue : Les eaux sales s'écoulent au milieu.

4. Des maçons : Ils réparent les murs qui s'écroulent.

5. Les ordures : On les jette par la fenêtre.

6. Une cour intérieure : On y étend le linge.

7. Une chambre sous les toits : Les plus pauvres y vivent.

8. Un thermopolium : C'est le fast-food de l'Antiquité.

9. La soupente : Cette pièce sert de réserve de nourriture.

10. La boulangerie : On y vend du pain et une espèce de pizza : l'*ocella*. Elle est sans tomate car les Romains ne la connaissent pas encore.

11. Le laraire : On y fait des offrandes aux dieux lares qui protègent la maison.

12. La cuisine : Une esclave y prépare le repas.

Les pompiers ont du mal à progresser dans la rue encombrée par les chariots de marchandises. Il y a tellement d'habitants à Rome que les attelages circulent la nuit pour laisser la place aux piétons le jour.
Enfin, les soldats du feu installent une pompe à bras devant l'immeuble en flammes. Mais le jet d'eau n'arrose la façade qu'au niveau du premier étage.

Au sixième, une femme hurle. Thésée, un jeune pompier, l'encourage à sauter sur un matelas qu'il a posé au sol. Tétanisée par la peur, la malheureuse n'ose pas se lancer dans le vide.
– Je vais la chercher, décide le pompier.
Titus saisit la main du jeune homme :
– Suivez-moi, je connais bien l'immeuble…
Thésée évalue d'un coup d'œil ce garçon intrépide. Il dénoue son foulard, le mouille et le tend à Titus :
– Noue-le sur ton visage. On y va !
Caïus tente de retenir son fils, mais c'est trop tard ! Titus et Thésée sont déjà dans la cour de l'immeuble en feu et ils se fraient un chemin au milieu des poutres qui s'effondrent.
– C'est par ici, indique Titus, en montrant un petit escalier noyé dans la fumée.
– Ok, j'y vais tout seul, reviens sur tes pas, ordonne Thésée.
Quand Titus regagne la rue, sa tunique est déchirée, son torse et ses jambes nues sont couverts de suie. Caïus étreint son fils et lui caresse les cheveux, à moitié brûlés :
– Tu as été courageux, mon fils !

suite page 11

LA PLUS GRANDE VILLE DU MONDE ANTIQUE

Une ville surpeuplée

Située sur les bords d'un fleuve, le Tibre, Rome est bâtie sur les pentes de sept collines. Au IIe siècle, plus d'un million d'habitants y vivent. Les architectes bâtissent des immeubles très hauts pour l'époque, les *insulae*. Une loi limite la hauteur des immeubles à vingt mètres. Mais certains trichent et louent très cher les appartements.

Au feu les pompiers !

Les incendies sont fréquents. Les Romains se chauffent avec des réchauds posés au sol : si le plancher prend feu, c'est l'immeuble entier ou le quartier qui flambent à toute vitesse. Pourtant les pompiers existent. Ces soldats sont équipés de pompes à eau. Mais ils ne sont pas assez nombreux.

Silence, on dort !

Rome est une ville très bruyante. Il n'y a pas de vitres aux fenêtres. Dans la journée, il y a beaucoup d'animation autour des boutiques et des ateliers d'artisans. La nuit, c'est pire. Comme les chariots n'ont pas le droit de circuler le jour pour ne pas gêner les piétons, les livraisons se font la nuit.

C'est pas du luxe

Les *insulae* sont inconfortables. Elles n'ont pas l'eau courante. Les habitants vont chercher l'eau aux fontaines. Les WC n'existent pas. On utilise un pot de chambre. Il y a aussi des toilettes publiques. Les Romains s'y assoient côte à côte, sur des bancs percés de trous, et ils discutent avec leur voisin.

Bonjour l'odeur

La plupart des rues sont sales et boueuses. Les ordures, souvent jetées des fenêtres, s'y entassent. Comme il fait chaud à Rome, on imagine que ça ne sent pas la rose... Pourtant les Romains vivent beaucoup dehors. Et ils adorent écrire sur les murs et réaliser des graffitis !

– Ma bulla m'a protégé, répond Titus en touchant le porte-bonheur en cuir qu'il porte autour du cou.
Le père et le fils sont bousculés par le centurion qui dirige les opérations :
– Dégagez les lieux ! On va démolir la maison pour empêcher le feu de se propager.
– NON, crie Titus. Un pompier est monté sous les toits pour sauver quelqu'un.
– Je lui laisse cinq minutes. Pas une de plus !
Une minute, deux minutes, trois minutes... Enfin, Thésée ressort de la fournaise en portant la femme dans ses bras. Il la confie à des voisins et rejoint sa cohorte. Aussitôt, les pompiers, armés de faux et de crocs, font tomber ce qu'il reste du bâtiment et étouffent ainsi l'incendie. À trois heures du matin, tout est fini.
Titus et son père sont soulagés. Leur immeuble n'a pas brûlé ! Titus sent une main se poser sur son épaule. Thésée est à son côté :
– Tu as un sacré culot, toi ! Quel âge as-tu ?
– Douze ans, m'sieur. Je m'appelle Titus ; et voici mon père Caïus.

– Moi, c'est Thésée.

Caïus serre les mains du jeune pompier :

– Thésée, je vous invite à boire un verre à *La Pie qui chante*. C'est mon restaurant, il se trouve juste en face.

– J'y viendrai demain avec plaisir ! Pour l'instant, je dois regagner ma caserne.

Une heure plus tard, Titus s'est rendormi. Il rêve qu'il porte l'uniforme jaune des soldats du feu et qu'il sauve une jeune fille des flammes.

CHAPITRE 2

À LA PIE QUI CHANTE

Titus descend d'un pas léger la rue Capitolinus, en faisant tournoyer son panier vide. « J'ai vendu tous mes beignets ! Je rentre à la maison », se dit-il.
Il se faufile entre les passants qui entourent un charmeur de serpents. Le vieil homme avale une vipère, la ressort lentement de son gosier, puis l'agite sous le nez d'une dame qui se met à hurler. Titus repart en rigolant.

Sous les arcades, une simple toile, tendue sur un fil, sépare l'école de la rue. Titus l'écarte légèrement. Un élève récite : « *Amo, amas, amat, amamus...* » Titus fait signe à sa petite sœur, assise dans un coin. Aussitôt, Livia se glisse à quatre pattes entre les bancs et rejoint Titus.

– T'as de la chance de ne plus aller à l'école ! gémit-elle.

– Tu n'as que sept ans ! Il faut que tu apprennes à lire et à compter pour aider les parents. Rentrons vite, on jouera aux billes, lance Titus.

Ravie, Livia le suit en sautillant d'un pied sur l'autre.

À *La Pie qui chante,* c'est la bousculade ! Les cheveux relevés sur la tête par un ruban rouge, Cornélia court dans tous les sens.

– C'est quoi, le plat du jour ? demande un client.

– Bouillie de fèves avec du lard, annonce Cornélia.

– Eh, la patronne, il est drôlement épicé, ton garum* ! se plaint un autre.

– Je prends ça pour un compliment, plaisante Cornélia. Titus, Livia, vous êtes déjà là ?

– Oui et on meurt de faim ! s'exclame Livia en s'accrochant à la large robe de sa mère.

Une amphore sur l'épaule, Caïus verse du vin à un voisin accoudé au comptoir. En voyant Titus, l'homme s'exclame :

– Bravo Titus ! Tu as donné l'alerte, cette nuit !

– Non, c'est elle, précise le garçon, en montrant la pie qui se balance sur son perchoir, au milieu de la boutique.

L'oiseau noir et blanc vient se poser sur son épaule et lui caresse la joue avec le bec. Titus chipe un bout de lard dans une marmite fumante et le donne à la pie :

– Tiens, ma belle, tu l'as bien mérité !

Puis il prend quelques noix dans un panier et va

**Sauce aux poissons très appréciée des Romains.*

suite page 17

UNE SOCIÉTÉ INÉGALE

Les citoyens

Les Romains n'ont pas tous les mêmes droits. Les citoyens sont des hommes libres qui ont le droit de voter, d'être propriétaires, de se marier. Mais les femmes n'ont aucun de ces droits. Les patriciens sont les citoyens riches qui occupent les postes importants. Les plébéiens sont ceux qui travaillent de leurs mains, ils sont artisans ou commerçants.

Les esclaves

Les esclaves sont des prisonniers ou les enfants nés d'une femme esclave. Ils sont considérés comme des marchandises. À Rome, ils représentent la moitié de la population. Ils font des travaux agricoles et travaillent sur les chantiers. Mais ils sont aussi comptables ou enseignants. Un esclave peut être affranchi par son maître.

L'enfance

À la naissance, un enfant peut être refusé par son père et abandonné dans la rue. S'il est gardé, l'enfant reçoit une médaille pour le protéger, la *bulla.* Ses jeux sont la poupée, la toupie, les dés, le cerceau. L'école accueille les élèves de 6 à 12 ans. Ils apprennent à compter et à écrire avec un stylet sur des tablettes de cire.

Le mariage

Les filles ont le droit de se marier à 12 ans et les garçons à 14 ans. La cérémonie a lieu dans la maison de la mariée. Les époux se tiennent la main et s'engagent l'un envers l'autre. Puis un cortège les conduit au domicile de l'homme. Le divorce est possible.

La mort

La majorité des Romains brûlent leurs morts. Le corps est conduit hors de la maison, escorté par un cortège de musiciens. Il est incinéré hors de la ville et les cendres sont placées dans une urne. La famille en deuil s'habille en vêtements sombres, ne se coupe plus ni les cheveux ni la barbe.

s'agenouiller au fond du restaurant avec Livia. La pie les suit en sautillant. Les enfants creusent un petit trou dans le sol en terre battue pour jouer aux billes avec les noix.
– Non ! Ce terrain n'est pas à vendre, s'énerve un homme attablé non loin de là.
Titus lève le nez et reconnaît Martial, le propriétaire de l'immeuble.
– Tu as tort, Martial ! Avec l'incendie, cette baraque est devenue fragile et elle va s'écrouler, rétorque un malabar nommé Asinus*. Ses oreilles pendantes lui donnent vraiment une tête d'âne.
– Elle est encore solide, proteste Martial.
– Mais elle peut brûler, elle aussi…, menace Asinus en se levant. Réfléchis, Martial. Mon maître te propose un bon prix pour cette ruine.
Titus voit le costaud filer dans la rue et Martial se tasser sur son tabouret.
– Vous avez des ennuis, Martial ? demande Titus qui a tout entendu.
– T'inquiète pas gamin ! Et salue tes parents pour moi, ajoute Martial en quittant le restaurant, la tête basse.

* Asinus *veut dire « âne » en latin.*

« Si Martial vend, que va-t-on devenir ? On habite et on travaille ici », pense Titus. Il donne une chiquenaude dans sa noix mais rate le trou.

Un jeune homme barbu, vêtu d'une tunique jaune, s'approche des joueurs de billes :

– Alors Titus, on ne salue pas les amis ?

– Ah, Thésée ! Sois le bienvenu, dit Titus, en se relevant d'un bond.

Surprise, la pie s'envole puis vient se poser sur l'épaule du jeune pompier.

– Ça veut dire qu'elle t'aime bien, explique Livia, en dévisageant le nouveau venu.

Peu après, Thésée trinque avec Caïus.

– À la gloire de Rome et à la santé de César* ! lance le père de Titus.

**On appelle César le chef de l'Empire romain. À l'époque où vit Titus, c'est l'empereur Trajan qui règne.*

– Oui, quelle chance d'être à Rome ! approuve le pompier. Moi qui suis un ancien esclave, j'aime cette ville où on peut devenir libre.
– Ton maître t'a affranchi ? demande Titus.
– Oui, je l'ai sauvé de la noyade. Alors il m'a rendu ma liberté et je suis devenu pompier.
Un lourd panier sur la hanche, Cornélia s'approche. Elle pose la main sur l'épaule de son fils :
– Allez, mon grand ! Va livrer ces beignets aux thermes. Tu n'as pas encore l'âge de t'engager comme pompier !

CHAPITRE 3

RENDEZ-VOUS AUX THERMES

« Chouette ! Thésée m'a promis une visite de sa caserne… » Absorbé dans ses pensées, Titus trébuche sur une canne posée au sol.

– Par Bellone*, ayez pitié d'un soldat tombé dans la misère, mendie un unijambiste, installé par terre. Ah, c'est toi, Titus !

– Comment ça va, légionnaire ? demande Titus.

Déesse romaine de la guerre.

– Pas trop mal, si un imbécile n'avait pas jeté ses ordures par la fenêtre ! Regarde ma tunique, elle était quasi neuve, se lamente l'infirme.

Titus dissimule un sourire en voyant l'habit rapiécé du vieil homme, tout souillé d'épluchures. Pour le consoler, il lui donne un beignet encore chaud puis il reprend son chemin.

Il est quinze heures quand il arrive aux thermes. Beaucoup de gens font la queue pour y entrer. Le portier s'incline devant une riche Romaine qui descend d'une chaise à porteurs. Son esclave porte des serviettes, une éponge et de l'huile de massage.

– C'est gratuit, madame ! Ce mois-ci, l'empereur offre les bains à tous, précise le portier.

Puis il voit Titus et plaisante :

– Tu vas te baigner avec ton panier, toi ?

– Je viens livrer le citoyen Octavius. Il a réservé un salon privé, répond Titus.

Le portier lui fait signe d'entrer :

– Les salons sont après la bibliothèque, tu vois où c'est ?

– Oui, oui !

Titus se faufile au milieu des familles qui se bousculent dans l'entrée. Quelques glissades sur le sol carrelé et il arrive dans la palestre. Dans ce gymnase à ciel ouvert, Titus est attiré par le jeu de paume. Quatre hommes se servent de leurs mains comme de raquettes pour rabattre la balle sur leur adversaire.

« Leurs mains sont des vrais battoirs », pense Titus, admiratif. À côté de lui, des parieurs misent sur l'issue d'un combat entre deux lutteurs :

– Trois sesterces* sur celui-là !

– Quatre sur l'autre !

* *Monnaie romaine.*

suite page 26

11
8
6
10
9
5
2
3

LES THERMES

Les thermes, c'est comme une piscine. Les Romains y viennent tous les jours pour se laver, bavarder et faire du sport.

1. Le vestiaire : Les clients y glissent leurs habits dans des petites niches.

2. L´hypocauste : Ce système de chauffage par le sol permet à l'air chaud de circuler entre des piles de briques.

3. La chaudière : Des esclaves alimentent les fours avec du bois.

4. Le sol et les murs : Ils sont décorés de mosaïques ou de peintures multicolores.

5. Le laconium : Ce sauna permet de transpirer et de se détendre.

6. Le caldarium : Les gens se lavent dans cette chambre chaude.

7. Le tepidarium : Il fait tiède dans cette pièce où le corps retrouve une température normale.

8. Le frigidarium : On finit généralement par le bassin d'eau froide, très revigorant.

9. Un masseur : Il met de l'huile sur le dos d'un client pour le détendre.

10. Un employé : Il entretient des braises chaudes dans un brasero.

11. Un client : Il n'utilise pas de savon, mais se gratte la peau avec un racloir, le strigile.

Cette voix attire l'attention de Titus. Il se retourne et reconnaît Asinus, l'homme qui était à *La Pie qui chante* quelques heures plus tôt.

« Éloignons-nous de ce sale type ! J'ai des beignets à livrer, moi ! » se dit-il. Il longe les vestiaires et monte à l'étage. Tout paraît bien calme ici, loin des hurlements des joueurs et des cris des baigneurs…

Le couloir désert longe les salles de bibliothèque et d'exposition. Intimidé, Titus ose à peine lever les yeux sur les sculptures de marbre qui le toisent du haut de leur piédestal. Pour se réconforter, il pose son panier dans un coin et trempe ses bras sous un jet d'eau. La fraîcheur est si agréable qu'il ne résiste pas : il saute tout habillé dans la fontaine.

Mais un pas lourd résonne au bout du couloir. Titus retient sa respiration et plonge au fond du bassin où il s'aplatit. L'homme passe sans le voir et s'éloigne. Titus ressort de la fontaine et, trempé, il poursuit son chemin. Une tenture de velours rouge masque l'entrée d'un salon. Titus s'approche, tout content à l'idée de se débarrasser de son lourd panier. Il s'apprête à demander Octavius

suite page 28

TROP FORTS, LES ROMAINS !

Les aqueducs

Les Romains sont de grands ingénieurs qui ont construit beaucoup d'ouvrages encore visibles aujourd'hui. C'est le cas du pont du Gard dans le sud de la France. L'aqueduc capte l'eau dans une ou plusieurs sources et la guide dans un conduit en pente douce qui franchit tous les obstacles. Les aqueducs de Rome acheminent un million de mètres cubes d'eau chaque jour.

Les thermes

Beaucoup de cette eau sert aux thermes. Les Romains adorent cet endroit où, tous les jours, ils viennent se laver, mais aussi faire du sport, discuter avec des amis, parler affaires. Un ingénieux système (voir p. 24-25) permet de chauffer ces lieux souvent luxueux, décorés de marbre et de fresques.

Les routes

Autre point fort des Romains : leurs voies. Ils ont construit des kilomètres de routes à travers tout l'empire. Bien dallées, bien entretenues, elles permettent à l'armée romaine de se déplacer rapidement. Elles facilitent aussi l'acheminement du courrier. La poste romaine possède de nombreux cavaliers et chariots.

Le latin

Les Romains parlent le latin. C'est la langue internationale de l'Antiquité, comme l'anglais l'est aujourd'hui. Le latin a donné naissance à de nombreuses langues européennes : le français, l'italien, l'espagnol, le portugais…

Le calendrier

Nous avons aussi hérité du calendrier romain avec une année de 365 jours et des mois de 30 ou 31 jours. Les jours de la semaine finissent en « di » parce que *dies* signifie jour en latin. Chaque jour correspond à un dieu. Lundi est le jour de la Lune, représentée par Diane. Mardi est lié à Mars, mercredi à Mercure, jeudi à Jupiter, vendredi à Vénus et samedi à Saturne.

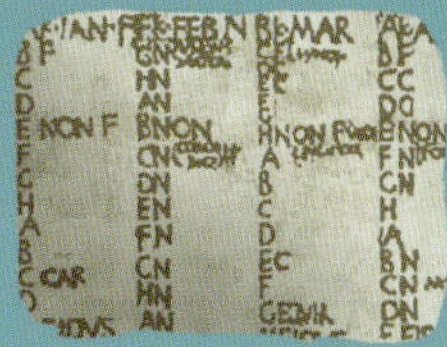

quand il entend la voix déplaisante d'Asinus :
– Il refuse de vendre son immeuble, dit ce dernier.
– Cet imbécile devra céder ! On ne résiste pas à Crassus et à son argent, affirme une autre voix.
Titus jette un œil entre les plis du rideau pour voir à quoi ressemble ce Crassus qui parle avec une telle autorité.
– Vous avez raison, maître ! Je vais allumer un nouvel incendie pour accélérer les choses, suggère Asinus.
– Réfléchis un peu, espèce d'âne ! Si le feu prend toujours au même endroit, ça va attirer les soupçons ! Fais pression sur Martial, menace sa famille, il changera d'avis !
– À votre service, maître, murmure Asinus qui recule en faisant des courbettes.
Mais Crassus bondit de son siège :
– Ben, c'est quoi cette flaque d'eau ? Ma toge est trempée !
Furieux, il écarte le rideau rouge derrière lequel était caché Titus dégoulinant. Crassus aperçoit le garçon qui s'enfuit et il ordonne :
– Asinus, rattrape ce morveux ! Il a tout entendu ! Il ne doit pas sortir vivant d'ici !

CHAPITRE 4

LA COLONNE CREUSE

Titus court, les coudes collés au corps. Dans la ruelle, il évite les eaux sales et les ordures sur lesquelles il pourrait glisser. Il entend dans son dos le pas lourd d'Asinus et les protestations des badauds bousculés.

Il débouche dans une rue pavée et heurte la pierre du trottoir. La lanière de sa sandale est arrachée et la semelle pend. « Vite, il faut que je l'enlève ! » Il entre à fond de train dans les toilettes publiques et s'assied sur le banc percé. À côté de lui, trois hommes assis sur un trou le regardent en fronçant les sourcils. L'arrivée soudaine du garçon a interrompu leur conversation d'affaires. Titus se déchausse et repart.

En sortant, il percute la bedaine d'Asinus et le fait tomber. La poursuite reprend de plus belle. Heureusement, Titus connaît par cœur le dédale de la plus grande ville du monde. « Le marché couvert ! C'est là que je vais le semer », se dit-il, en piquant plein ouest vers le forum* de Trajan.

Titus s'engouffre dans le marché. C'est un bâtiment de cinq étages où quelque cent cinquante boutiques proposent de tout : du vin, des fruits, de l'huile, des épices, des tissus, des fleurs, des poissons, et même des esclaves. Sur une estrade, un trafiquant vante sa marchandise humaine :

– Admirez cette beauté venue d'Égypte, claironne-t-il en poussant une jeune fille dont les longs cheveux noirs masquent les seins nus. Regardez la blancheur de sa peau !

– Est-ce qu'elle chante bien ? demande une Romaine.

* *Un forum est une grande place. Chaque empereur a construit le sien.*

– Sa voix est douce et elle danse à merveille, répond mielleusement le vendeur.

Pendant que les enchères montent, Titus se faufile sur l'estrade entre les esclaves. La plupart portent un panneau à leur cou : « Prisonnier de guerre syrien, fort comme Hercule », « Grec, valet précieux parlant plusieurs langues »… Une femme d'origine celte serre ses deux enfants contre elle. Titus se glisse derrière cette famille à vendre et prend le même air triste.

Il était temps ! Asinus surgit devant l'estrade et… tombe

suite page 33

DES ROMAINS CÉLÈBRES

Rémus et Romulus

D'après la légende, Rome a été fondée en 753 avant Jésus-Christ, par les jumeaux Rémus et Romulus. Abandonnés à leur naissance, ils sont nourris par une louve. Devenus adultes, ils fondent une ville là où la louve les a sauvés. Mais Romulus tue son frère et donne son nom à la cité : Rome est née.

Néron

Nommé empereur à 17 ans, il règne de 54 à 68 après Jésus-Christ. Cette période est marquée par de nombreux scandales. Artiste et sportif, Néron participa à de nombreuses courses de chars et plusieurs concours de poésie. En 64 éclate le grand incendie de Rome dont il fut rendu responsable. Il se suicide après avoir été déclaré ennemi public.

César

Jules César est un grand général qui a conquis la Gaule entre 58 et 51 avant Jésus-Christ. Il veut ensuite constituer avec Cléopâtre un empire réunissant l'Orient et l'Occident, mais meurt assassiné. Le mois de sa naissance a pris son nom, *Julius*, devenu juillet.

Auguste

Il fut le premier empereur romain, de 27 avant Jésus-Christ à 14 après Jésus-Christ. Son long règne lui permet de consolider les frontières de l'empire. Auguste veut dire « sacré » et montre le caractère religieux du personnage. Lui donne son nom au huitième mois de l'année, août.
Pour ne pas faire de jaloux entre Jules César et Auguste, les mois de juillet et d'août ont 31 jours tous les deux.

Trajan

Proclamé empereur en 98 après Jésus-Christ, il mène l'Empire romain à son apogée. Il construit à Rome de nombreux bâtiments remarquables : le forum de Trajan, le marché couvert, qui est un véritable centre commercial, les thermes de Trajan et la colonne Trajane. Ce monument entièrement sculpté raconte la conquête de la Dacie. On peut le voir encore aujourd'hui à Rome.

en admiration devant la belle Égyptienne. Mais une patrouille de cinq vigiles* s'approche aussi. Parmi eux, Titus aperçoit Thésée. Le jeune pompier reconnaît le garçon au milieu des esclaves et s'exclame :

– Titus, qu'est-ce-que tu fais là ?

Alerté par cette remarque, Asinus découvre Titus et l'agrippe par la tunique. Le garçon se débat, déchire son vêtement et repart en courant de plus belle. Soudain devant lui, un monument de trente mètres de haut : c'est la colonne de Trajan. Elle est recouverte de sculptures qui racontent les succès militaires de l'empereur. Mais Titus n'a pas le temps de les admirer. Il se rue contre la petite porte du socle. Miracle, elle s'ouvre ! Quand Asinus pénètre à son tour dans la colonne, Titus est déjà dans le colimaçon qui monte en haut du monument.

Taillées dans le marbre blanc, des petites fenêtres éclairent l'escalier. Titus a l'impression que sa tête va exploser. Il n'en peut plus ! Derrière lui, le souffle d'Asinus résonne de plus en plus près.

Ils débouchent au sommet de la colonne. Un aigle de bronze domine la plate-forme. Le malabar saisit Titus par

* *Les vigiles sont à la fois pompiers et forces de l'ordre.*

le cou et l'étrangle. La tête en arrière, le garçon imagine que l'aigle va l'emporter dans ses serres et le sauver. Soudain Thésée surgit…

– Lâche ce gamin ! hurle-t-il en empoignant Asinus.

Surpris, ce dernier lâche Titus qui tombe, inconscient. Les deux hommes se battent sur la minuscule terrasse. Soudain, la rambarde cède et un long cri retentit :

– Aaaahhhhhhhhh !!!

Trente mètres plus bas, un homme s'écrase au sol. Des badauds entourent le corps disloqué d'Asinus. L'un d'eux montre le sommet de la tour et crie :

– Regardez, là-haut ! Un homme l'a poussé !

Les vigiles du marché arrivent en courant. Au sommet de la colonne, ils trouvent Thésée qui réconforte Titus. Un centurion clame :

– Un citoyen de Rome est mort. Vous êtes en état d'arrestation !

CHAPITRE 5

JULIA

Dans les sous-sols de la prison, le gardien distribue la soupe. Il ouvre la porte d'un cachot et lance, goguenard :
– Préparez-vous, les jeunes ! Demain, vous verrez du beau linge !
Allongé sur une paillasse, Titus interroge Thésée qui fait les cent pas dans leur cellule :
– Que se passe-t-il demain ?

– L'empereur offre des jeux aux Romains. Nous allons défiler devant lui.
– On va servir de repas aux fauves ? demande Titus d'une petite voix.
Thésée le rassure :
– Ne t'inquiète pas. Nous allons nous en sortir et prouver notre innocence.
– J'ai confiance en toi. Et ma bulla me protégera, ajoute Titus en embrassant son médaillon de cuir.
Le lendemain, la foule se bouscule autour du Colisée. Des vendeurs proposent des fruits et des brochettes aux spectateurs qui vont passer la journée au cirque. L'entrée pour les jeux est gratuite. Cinquante mille personnes s'entassent dans les gradins et acclament l'arrivée de

l'empereur Trajan. Il lève le bras droit pour saluer la foule, et s'installe au centre de sa loge. Sa fille Julia s'assoit sur le devant du balcon, pour ne pas perdre une miette du spectacle.

Il débute par un numéro d'éléphants qui dessinent des lettres sur le sable avec leurs pattes. Des animaux au pelage tacheté et au cou immense entrent en piste. Les Romains poussent des cris de surprise, car ils n'ont jamais vu de girafes.

Bientôt, des trappes s'ouvrent dans le plancher de l'arène. Des lions et des léopards en sortent d'un pas souple. Ils se glissent entre les palmiers et les rochers qui décorent la piste. Des chasseurs armés d'une lance et d'un filet les affrontent. Le massacre commence.

suite page 40

3
7
6
8
5
2
4

LE COLISÉE

C'est le plus grand amphithéâtre de Rome. Il a été construit au Ier siècle, mais on peut encore le visiter aujourd'hui.

1. Les arcades : Quatre-vingts portes d'entrée donnent accès aux galeries intérieures.

2. Les galeries : Ce sont les couloirs circulaires, à l'intérieur de l'amphithéâtre.

3. Le velum : Cette toile peut être tendue pour protéger les spectateurs du soleil.

4. Les cordages : Actionnés par les marins du port de Rome, ils permettent de tendre le *velum.*

5. Les gradins du haut : Les Romains les plus pauvres s'y tiennent debout.

6. Le podium : Ces gradins en marbre sont réservés aux riches Romains qui s'y assoient sur des coussins.

7. Les vomitoires : Ces portes donnent accès aux gradins.

8. L'arène : Ovale, elle est recouverte de sable pendant les combats de gladiateurs.

Le Colisée en chiffres

57 mètres de haut
597 mètres de circonférence
45 000 places assises
6 000 places debout

À midi, une centaine de corps d'hommes et d'animaux gisent dans l'arène. Des trompettes marquent l'arrivée des prisonniers. Thésée et Titus sont en tête du cortège qui se dirige vers la loge de l'empereur. Le groupe salue d'une même voix :

– Ave César !

Puis les prisonniers commencent à ramasser les cadavres et Trajan quitte sa loge quelques instants. Du coin de l'œil, Titus observe la fille de l'empereur, accoudée à la balustrade. Il a remarqué qu'elle ne le quittait pas des yeux.

« Qu'elle est belle ! pense-t-il. Elle a le même âge que moi. » Soudain, il voit derrière la jeune fille un esclave portant un flambeau trébucher et tomber. En un instant, le rideau qui entoure la loge prend feu et Julia est cernée par les flammes.

– À l'aide, Thésée ! appelle Titus.

Il saisit le filet d'un chasseur abandonné sur le sol. Les deux amis le tendent sous la loge et crient à Julia de sauter. La jeune fille n'hésite pas. Elle enjambe le balcon, se lance dans le vide et rebondit dans le filet.

suite page 43

LA PASSION DES JEUX

C'est gratuit !

Les empereurs romains organisent des spectacles gratuits pour plaire au peuple. Ces jeux permettent d'occuper une foule de Romains sans travail. Les principaux jeux sont les courses de char et les combats de gladiateurs.

Au champ de courses

À Rome, beaucoup de courses de chars ont lieu au Circus Maximus. C'est le plus grand stade jamais construit. Il fait 600 mètres de long et peut accueillir jusqu'à 250 000 spectateurs. Douze chars participent aux courses. Ils sont répartis en quatre équipes de couleurs différentes. Le public fait des paris sur les courses. Les conducteurs de chars sont des esclaves ou des affranchis. Ils font sept tours de piste avec des attelages de 2, 4 ou 6 chevaux. Le gagnant est récompensé par une couronne de laurier et beaucoup d'argent. Mais le métier est dangereux car les accidents sont nombreux.

La vie ou la mort

Les combats de gladiateurs sont des jeux très violents. Les gladiateurs sont des esclaves ou des prisonniers, obligés de se battre deux par deux, avec des armes différentes. Lorsqu'un gladiateur blessé tombe au sol, il lève le bras pour demander sa grâce. L'empereur lève ou baisse le pouce. Le pouce abaissé signifie la mort pour le combattant.

Massacres et batailles navales

Dans l'amphithéâtre, on organise aussi des chasses. Des animaux, souvent exotiques, sont tués avec des javelots ou des flèches. Trajan aurait fait massacrer 11 000 bêtes lors d'un spectacle ! Des combats sur l'eau sont aussi proposés lors des jeux. Des bateaux s'affrontent dans un bassin aménagé au milieu de l'arène.

Titus l'aide à se relever alors que des soldats arrivent au pas de course.

– Conduisez-nous à mon père ! ordonne Julia, en prenant Titus et Thésée par la main.

Dans la loge impériale, le feu est maîtrisé. Julia se jette dans les bras de l'empereur :

– Voici Thésée et Titus à qui je dois la vie, lui glisse-t-elle dans l'oreille.

– Messieurs, vous avez sauvé ce que j'ai de plus précieux au monde. Demandez-moi ce que vous voulez, je vous l'accorde, déclare l'empereur.

Thésée s'avance :

– César, nous demandons justice ! Un dénommé Crassus incendie Rome pour s'enrichir et il a tenté de tuer ce garçon, dit-il en prenant Titus par les épaules.

– Nous enquêterons sur ce spéculateur. Et toi, as-tu un souhait ? demande Trajan à Titus.

– Je voudrais… devenir pompier, murmure Titus.

L'empereur éclate de rire, puis ajoute très sérieusement :

– Je veillerai à ce que tu sois engagé dans ma garde personnelle. Tu recevras l'éducation d'un soldat d'élite !

Le soir même, une fête a lieu à *La Pie qui chante.* Assise sur les genoux de son frère, Livia joue avec la médaille en or qu'il porte autour du cou.

– C'est vraiment la fille de l'empereur qui te l'a donnée ? demande-t-elle à Titus.

– Oui. Julia m'a offert sa bulla et je lui ai donné la mienne en échange.

– Elle est belle, hein ? s'extasie Livia devant la médaille brillante.

– Oui, Julia est très belle, soupire Titus, tout rêveur…

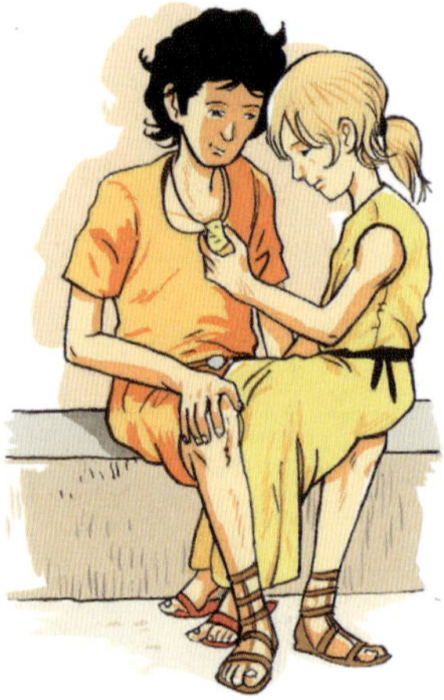

DANS LA MÊME COLLECTION

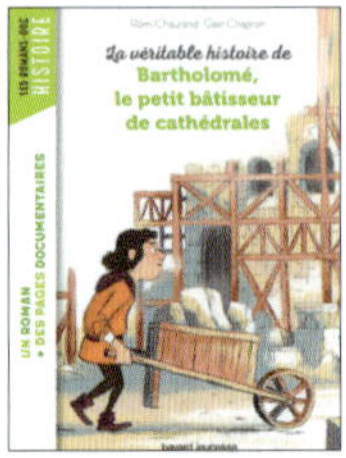

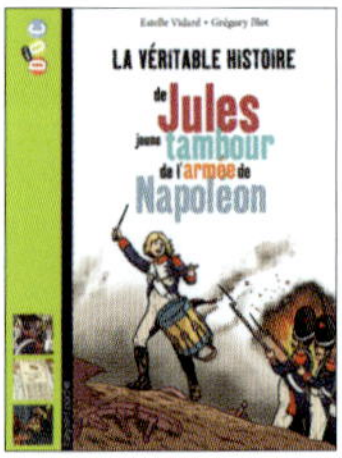

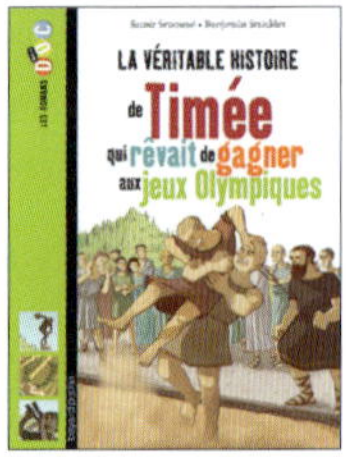

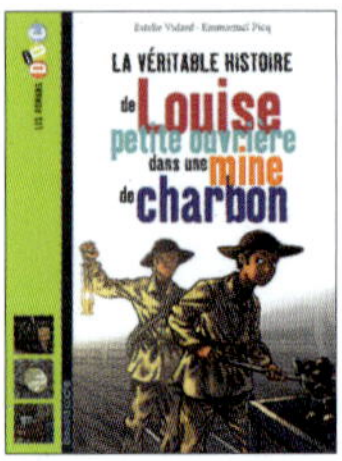

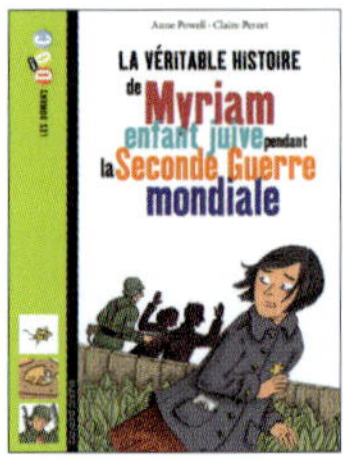

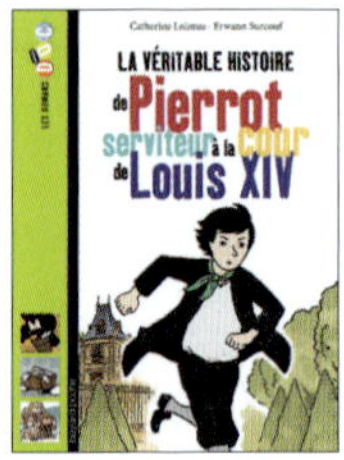

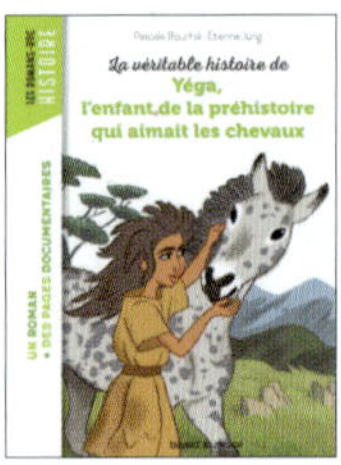

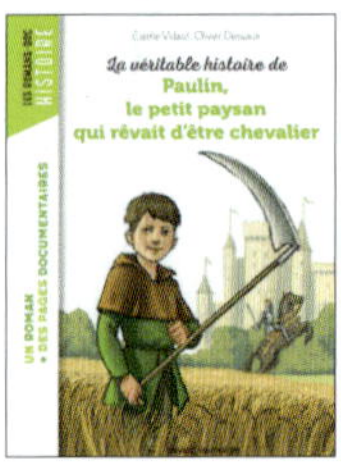

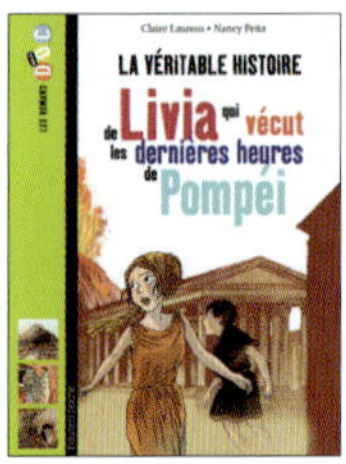

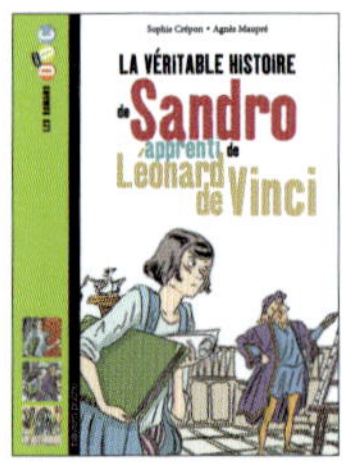

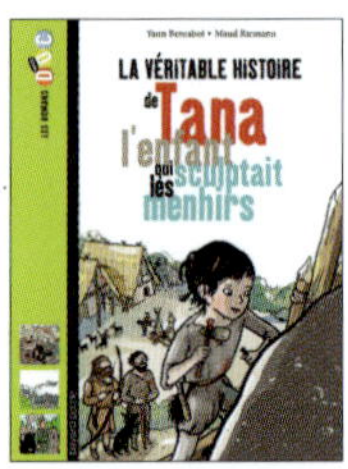